U0921122

黑晶石

让 青◎著

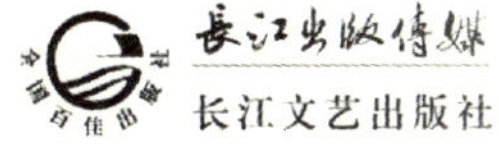

目　录

附录

第一辑　火焰

既然你已经把我点燃
在这生命最华美的时刻
请接收这圣洁的一吻吧
给你，给你一片深深的海
比海更深更深的柔情

秋　歌

说是这纷纷落叶的悲凉
说是这土色的秋的忧郁
不要问我这烦忧的缘由
我不能说出她的名字

我不能说出她的名字
不要问我这烦忧的缘由
因为这土色的秋的忧郁
因为这纷纷落叶的悲凉

1982.6

寄凤凰山

疲惫地闭上双眼
一只蝴蝶擦着睫毛飞过

傍晚。山冈
寻觅着，在这心的屏幕

头顶上轻轻飘拂
洁白的云彩朵朵……

1982.5

忘忧草

一身绿色
充满生命与希望

广阔无际的原野
幽深寂静的峡谷
无声无息
你吐出淡淡清香

你渴望快乐
一样向往大海和高山
你把火一般的热情
写在青春的脸庞

我那隐藏着的愿望呵
是那幽谷里悄然生长着的

忘忧草

2007.8

黑晶石

在地下，经历了
千年万年的磨砺
无数个长夜过后
最终迎来光明

透明而晶莹，如水
似钢，顽强而坚贞
黑色的外表
藏不住你燃烧的火焰

——黑晶石，我用你
雕一颗圆圆的晶心
遥寄给远方的友人
佩挂在她的胸前

一个字，刻在你的正面
和反面

2007.8

难　得

难得，夜空这般宁静
这“七夕”的夜晚
相对无言
一对相思的灵魂

一只放飞的夜莺
枝头上轻轻地吟唱
我远远地望见了
那颗闪耀的启明星

你不必惊讶
时空会把阳光隔离
心与心的交融
不慕花前月下

窗外的景致喧嚣
心中飞翔着思绪
夜晚这般难得，只有我
深情地为你歌吟

2007.8

岁　月

恍如岁月，斜织成
一页页灰蒙的日历

我知道，风雨过后
一定是迷人的彩虹

就让我们携手走过
那布满荆棘的山径

一起轻轻翻阅
这写满相思的诗句

人生最不舍的一页
总是藏得最深、最深

总会留下，一些重重叠叠的
折痕

2007.8

声　音

你青春的声音让我嫉妒
它有如欢快的流水声
银铃一般地，滑落
开满鲜花的草坪

更嫉妒它，出自于
你那圆润的樱桃似的嘴唇

无论是梦里的一朵花
或是缕缕烟圈背后的
闪耀的光芒，我都会
怀着无限的深深的渴望

这所有的温柔的怀念
自你坠落那明珠似的声音

2007.8

渡　口

梦一样的期盼
在这弧形的渡口
你紫兰的身影
出现在岸的尽头

终究来不及停靠
远远挥一挥手
作别天边的云彩
留一路频频回首的问候

挽一片云彩给你
渴望你能够留驻
托一封信给信鸽
今晚会传到你的额头

明天依然会等你
在这弧形渡口

2007.12

一　夜

冬天刚刚来临
梅花已次第盛开
霓虹在眼前跳舞
星星躲进了云彩

这明灭放纵的夜啊
把所有的烦恼抛开
沐浴着春的芳香
从此，孤独不再

这一夜，没有黎明
时间因你而存在
这一夜，灵魂在纵情欢呼
这世界，充满了柔情……

2007.12

假　如

夜色渐浓，遥望窗外
此刻，我静静地想你

你的眉，你的眼
你的吐着芳香的温存

假如，你爱过
那么请记住
我一定在你心里
你的生命里有我

假如，你真要离去
也请你相信
我的心依然属于你
你的世界里，我来过

假如，有一天
流星从你眼前闪过
它会给你留下

一道绚丽的彩虹……

2007.12

携手同行

也许注定了，我们
只能在梦里相聚
正如两条并行的轨道
有终点，却无法相遇

那么，就让我们
默默地祝福吧
迷雾散尽之后
阳光将照耀大地

唯有艰难地跋涉
才能最终抵达峰顶
就像我知道
生命由丰美走向凋零

在这多雾的早晨
我会偶尔写下一些
有关爱恋的诗句
你不必惊讶或者忧郁

生命中一些美好的邀约

须等这迷雾散尽之后
才能，你我携手同行……

2008.5

曾　经

多么想见到你
你却偏偏说，不可以
正如两个不同的世界
不需要色彩与华丽

我们把爱与忠诚
埋藏在深深的心底
也许有一天
海市蜃楼不再是奇迹

那些傲慢的言语
或许只是心灵的矫饰
其实，我也明白
你我都不会在意

我们曾经渴望
相见，在春天里

2008.5

举　杯

举起酒杯，总觉得
还有千言万语

一起走过的曲折小路
迎风招展的蒲公英
永远挥之不去的
铭刻心底的记忆

面对悄然逝去的岁月
我们微笑着殷勤劝酒
仿佛所有的爱恋与不舍
收藏在这浓烈的话语里

举起酒杯，也许
我们都已明白：
所有所有的美好祝福
都浓缩在这醇美的酒中

再也没有，比此刻
更该一饮而尽的理由

2008.5

远　行

那一天，我告诉你
待到春天，就要远行
我也会，把心
留在你的身边

无论是蔚蓝的空中
还是辽阔的大地
或者，茫茫的海上
都有她与我相伴——
一本红色封面的《十四行诗集》
就像是很久以前，吟诵
那些美丽的诗句，呼唤
一个骄傲的名字：莎士比亚

真善美的歌唱，就像此刻
我要倾诉给你的心声……

2009.5

白云之上

白云之上，万里长空
想起正在热播的电视剧
它的名字叫《柳叶刀》
还有主人公精彩的故事

忘不了穿白大褂的顾明道
他深沉博大的爱，以及
那把创造奇迹的柳叶刀

如果这一切都是真的
春天会每天陪伴你
阳光会每时每刻照耀
你的头顶，鸟儿会为你歌唱
青蔓藤，会爬满你的窗前

我也一定会牵着你的手
在这万里长空，一起飞翔……

2009.5

海　上

大海之上，渤海银珠号破浪前行
早晨醒来，时针指向五点
昨夜小雨，海上多了几分凉意

登上甲板，雾雨朦胧
遗憾看不到日出
远方苍茫，海天共色
一只海鸥孤单地盘旋……

脑海里浮现《泰坦尼克号》
相信，爱的力量将无与伦比
想起《老人与海》里的老人
那个征服大海的形象
瞬间，变得如此清晰……

我也相信，面对黑暗
爱，终将征服恐惧或死亡

2009.5

威海途中

你的美丽清澈晶莹
你的爱恋炽热诚真
为何我还这般孤独呢
即使你我的心紧紧交融

嫉妒空中那每一片云
可以时时从你身边飘过
嫉妒田野里每一缕风
可以时时掀动你的衣裙
那每一枝盛开的花朵
——红的玫瑰，紫的百合
我知道，她们都从你身上
汲取过身体的芳香……

亲爱的，我也愿时时陪伴你
无论黎明或黄昏

2009.5

青岛至蓬莱

青岛至蓬莱，大约三百公里
汽车飞驰，窗外风光绮丽
车上男男女女，欢声笑语

司机饱经风霜，年近六十
一路播放着《曾经爱过你》
导游年轻靓丽，手捧化妆盒
旁若无人地描红画眉

闭目凝思，我一路想着
你的眉，你的眼
那一片金灿灿的桃花林
桃花丛中你粉红的笑脸

亲爱的，蓬莱就在前方
我不相信，海市蜃楼只是幻景

2009.6

因为有你

挥别的手
凝固在空中

正如掌声最热烈的时候
舞者戛然而止

精彩时就不该离去
热烈时更不忍落幕

我知道，绚丽与灿烂
都将留在时光的隧道

最华美的诗篇，会刻下
人生不舍的记忆

那么，让时光
轻轻在指尖流淌

所有逝去的日子
都将成为美丽的珍藏

——因为有你

2009.5

为你写诗

摘一朵鲜艳的玫瑰
在这静悄悄的夜里
把心，放在你的手心
一起飞翔

为你写诗，时光
在指间悄悄流淌
无论欢乐与泪水
将成为美丽的珍藏

请让我牵着你的手
迎接朝霞，拥抱夕阳
留一路浅浅的脚印
谱一曲生命的华章

为你写诗。愿花朵
在你心中绽放……

2009.6

火　焰

既然你已经把我点燃
在这生命最华美的时刻
请接收这圣洁的一吻吧
给你，给你一片深深的海
比海更深更深的柔情

既然你已经沉没海中
在这百合最绚烂的瞬间
让我彻底地为你燃烧吧
给你，给你一片爱的火焰
化为灰烬，也要如影随行

如果，海上的灯火熄灭
远方的歌声也已消失
我依然会苦苦追寻
那曾经燃烧的时光
阳光下你渐行渐远的背影

依然，会在雨中默念
你的昔日，我的回忆……

2009.8

雪中玫瑰

我记得，那些凋零的日子
秋日里你黯然的眼神
摇曳的火苗在你眼中闪耀
落叶在黄昏的庭院里飞扬

你那不屈的生命
依然挺拔、傲然
瑞雪覆盖了纤弱的身躯
而你，一样会含笑怒放

你用火红的花蕊
带给寂静的冬日一道风景
你用燃烧的心灵
带给忧郁的土地一片亮色

火红的雪中的玫瑰
我会用生命陪伴你
一起笑傲漫天飞雪
拥抱温暖的春天

2010.5

爱有灵犀

所有的爱情里
写满了激情、孤独和悲情
总会有鲜花或者诗情
一路相伴

当你拥有一束玫瑰花
天空荡起银铃的笑声
如果，写下一首悲情的诗章
我也会依稀看见
你那带着忧伤的眼神

仿佛在仔细地追寻
那些快乐燃烧的日子
也仿佛在慢慢地品味
“忠诚”二字的原始含义

你也会提起封存已久的笔
用那些古老的方块汉字
写一首——
爱有灵犀

2010.5

昙花绽放

也许，我殷殷的期盼
只为这美丽的一瞬
寂静的黄昏或者黎明
悄悄地，开在你的窗前

也许，我深深的渴望
凝聚在这华美的一刻
无论天涯海角，也要
缠绵，在你温馨的梦里

假如，生命真的只有一次
我也愿真心地给你——
给你，最绚丽的绽放
给你，最完美的展示

然后，我们携手
走向辽阔的暮色沙滩
静静谛听，那空中传来的
极轻极遥远的潮音……

2010.6

面朝大海

面朝大海，不说海
不说海子和他的诗篇
只想那一天，我们相约
一起去看海，在春天

温暖如春，虽然此刻
正值料峭的寒冬
那一年，那一天
不见你的身影，在海滨

任凭风，呼啸在耳边
任凭浪，狂卷着船舷
茫茫雾海，观海鸥
自由地飞，浪漫地舞

是那首深情的海韵
盘旋，你轻盈的身影
是那曲经典的歌吟
爱你，爱你一万年

面朝大海，遥望春天

2011.12

在一起

在一起，有你
去登山，去看海
欣赏夏花的绚烂
喟叹秋叶的静寂

在一起，迎大海之上
第一缕火红的朝霞
在一起，送沙滩之边
最后一抹血色的夕阳

在一起，一起越过
山间每一条曲折的沟壑
在一起，一起亲历
世间一次次的风霜雪雨

一路有你，有你
在每一个春秋冬夏
有你，一路相伴
在每个黎明或夜半里

明天，明天会依然有你

依然会牵着你的手
走过风雨冬季
便是四月温暖的春天……

2012. 1

你在我心里

匆匆整好行囊
你说，你要去远方
我知道，你要去
追寻你的梦想

你说，要永远牵着我的手
经历坎坷，面对忧伤
我们会永远在一起
一起到地老，到天荒

雪花飞舞，片片落满枝头
雁儿在天，双双飞往南方
朦胧中，是你熟悉的身影
白雪，映照你青春的脸庞

好想陪伴在你的身旁
一起去看海，去逐浪
好想你，不再是痛的距离
永远，你驻守在我的心房

2012.1

在雨中

在雨中，山峦烟雾弥漫
高耸的电视塔霓虹闪烁
车水马龙，匆匆归家路人
人海里寻觅熟悉的身影

任细雨模糊了双眼
任寒风侵袭坚强的身躯
影子在路灯下渐渐暗淡
梧桐叶在风中飘零

朦胧中，你会从雨中走来
似一朵白莲或雨中的丁香
静悄悄你从我身旁走过
落一袭丁香般的芬芳

你从雨中走来
又消失在雨中的小巷
你是从诗绪间飘来
我为你，撑一把彩色雨伞……

2012.12

圣诞夜

圣诞夜，诗人在写诗
歌声和雪花
在远处的街巷回荡

蓝天里的一片云彩
夏夜里的一缕星光
冰山上娇羞的雪莲花

远方悠扬的钟声
在耳边，轻轻响起
云端洁白的雪莲
在夜里，静静地开放

一棵五彩的圣诞树
在风里，款款致意
一位圣诞老人
在心中，默默地祝福

花开，不离
花败，不弃……

2012.12

节　日

你从纷飞的细雨中
踏着一路的落叶走来
似一朵娇羞的水莲花
静悄悄在黄昏里开放

窗前我们一起眺望
远方闪闪烁烁的灯火
一起聆听，遥远的钟声
高山和流水

想这样的夜，是否
是否属于你的情人节
即使没有金色的美酒
以及火红火红的玫瑰

想你的夜。每一天
都是绚丽多彩的节日
千万朵玫瑰一起绽放
在田野，在你温柔的心里

2013.2

蝴　蝶

闭上眼，任凭心翱翔
窗外的油菜花谢了
一只蝴蝶飞舞
在梦里，在眼前

她飞舞着，悄悄
飘落我的胸前
列车节奏的轰鸣
淹没了她的声音

时间和空间会凝固
恐怕惊动了她的羽翼
这一刻很好，默然
这难得的宁静

我把她捧在掌心
一起走天涯，去海角
从此，每一段旅程
都值得回首纪念

2013.4

第二辑　雅舍

如果我知道
今天会伤感
我会终止平日的笑靥
用心一点点积累温暖
来安慰此时此刻的心田

睡梦里的手

睡梦里，我在找你的手
你轻轻地把她握住
你的手好像篱笆
守护在我们家园的边缘

我是枝头的一片树叶
而你是那另一叶
它们紧紧相依相偎

在梦的深海里
我们的家变成了一叶帆
这一刻
我们去了远方

2009.7

给　我

给我你的浪漫
不是在春光旖旎的时候

给我你的热烈
不是在烟花绽放的时候

给我你的柔情
不是在群芳争艳的时候

给我你的真诚吧，亲爱的
在真诚即将被淹没的时候

2009.7

雨　季

爱情的雨季很长
我忘记了带伞
也不知道
为自己找个雨檐

就这样
湿漉漉地寻你
等你低声呼唤我
在你陌生温暖的
油纸伞下

2009.6

一种思念

一种思念
淡淡的渺如烟雾
迷蒙中的对视
也是深深的眷念

一种思念
默默地倾诉在手指间
低柔温馨的私语
是日日夜夜
永不停息的缠绵

一种思念
就这样停留在心间
伴随夜色深沉的无眠
充溢在我俩的空间

2009.11

夜　雨

青灯燃成了灰
化为你淅沥的泪雨
它不像蜜糖那般甜
似一朵紫丁香
结满了愁怨与伤悲

当我品尝它
你的泪
却分明变成了甜水

2009.6

想你的时候

想你的时候
只想点一盏心烛
让它烧干泪痕
燃掉苦涩

想你的时候
只想一个人沉默
空空荡荡的房间
寻可以蜷缩的角落

想你的时候
只想蓄一海柔情
让它洗尽铅尘
冲走忧愁

想你的时候
只想
回忆你的温柔

2009.8

锁　链

我祈求爱神
赐我一副锁链

一头锁在你的心上
一头锁在我的心上

然后，将钥匙扔进大海
永远永远不能打开

2009.6

海　浪

爱你的日子觉得很短
思念的日子觉得很长

像大海的浪潮
一次次亲吻金色沙滩
又一次次回到
深深的海洋

只有阵阵涛声
拍打着空寂的时光

只有朵朵浪花
满足那开了又谢
谢了又开的期盼

2011.2

如果我知道

如果我知道
今天会伤感
我会终止平日的笑靥
用心一点点积累温暖
来安慰此时此刻的心田

如果我知道
今天会惆怅
我就会节约很多
很多昨日说话的时间
好用在今日
把寂寞的心驱赶

如果我知道
今天会心痛
我就会继续昨日
好让今夜的文字
能将岁月的碎片
重现……

2011.6

守　候

等你，带着点点的愁
等你在这渡口

有你让我感动
有你让我温柔

你是天际的一叶小舟
未靠岸就要远走

即使是短暂的相聚
我也会终生守候

2009.7

没 有

没有玫瑰的妖艳
同样会有
凋零的伤感

没有星光的闪烁
同样会有
梦想的天空

一颗凡俗的心
寂寥如旷野的荻花
因为你无处不在的温存

生命的旅程啊
从此轻慢如雨
飘逸若云

2009.7

不　舍

眼角
悄悄淌下一滴滴泪
不舍
一点点撕扯着身体

不舍
那一声轻柔的问候
伴我进入甜蜜的梦乡

不舍
离去的背影，转瞬间
依依的眼眸

不舍
牵手夕阳的风景
蒲公英飞扬的梦想

不舍啊
飘荡的心灵
轻轻的一声叹息

放我回去吧……

2009.11

鲜花无数

如果有一天
你我终将分离
那么，请你带走
我所有的柔情和思念

正如春天的告别
也会留下
芬芳的鲜花无数

2010.5

红　豆

今夜，我想你
往事次第展开
流淌成忧伤的旋律
遥望昨天
曾与谁执手

这是怎样的思念啊
就像雪花
一生只在冬日盛开
消融迎风落泪的挚言

是云急急卷走了你
是雾悄悄带走了你
一粒红豆，种下
无尽的哀愁

我不能拒绝
想你

2008.3

怀　念

长时间来整理
你留下的笑颜
不知不觉，越过
无数黑夜和白天

默默地阅读
曾经蜿蜒的曲折
我知道，脆弱之心
无法走到终点

依依地回味
你那淡淡的温情
脑海里悄然浮现
你渐行渐远的背影

既然时间堆砌了
对你的幽怨
就让它变幻成
一道亮丽的风影线

我知道，沉醉远去

只有怀念……

2007.12

第三辑　纪念

看上去，俨然一位
缄默的寡情的女郎
可不！她分明有着
火焰一般炽热的心肠

风　景

站在画架前画风景
绿的山，绿的水
绿色的丛林里
回荡着蝴蝶的翅膀

她在阁楼上照人物
彩色的镜头里
取下了绿色的画框

春日。绿色的生命
孕育了绿色的胎儿

1982.4

海滨剪影

赤着脚，跑向沙滩
向你扑来的
一个浪，又一个浪

大海——
披着神秘的衣装

寻觅着，如痴如狂
疯狂地向你卷来
阵阵风，夹着冰霜

绿色的海滨，矗立着
一座雕像……

1982.3

不要问

不要问这是为什么
——忧！忧！忧！
一颗心已被那小鸟啄去

已被那小鸟啄去这颗心
——忧！忧！忧！
不要问这是为什么

漫步在小径，在这夕阳里
夕光中，一潭死水的寂静
寂静，似那小鸟的缄默
缄默，是这蓝色的忧郁……

1982.6

往　事

一

看上去，俨然一位
缄默的寡情的女郎
可不！她分明有着
火焰一般炽热的心肠

四周是一片森林
阻隔了空气，掩蔽了阳光
一旦这沉寂的森林焚毁
她呀，像鸟儿一样欢畅

二

她低吟这彩色的诗笺
一阵红晕在两颊泛起
一弯秋水映照朦胧的身影
她分明给你春的讯息

月下的万物朦胧而宁静

一对白鹤在水滨私语
星星给它们做伴，明天
要飞向玫瑰飘香的花园……

1983.7

所　有

所有的日子
都会随风而逝

所有的时光
铭刻于深深的心底

所有的欢乐
化作最珍藏的记忆

所有的思念
写在漆黑漫长的夜里

你无需忘掉，无需珍惜
拥有我们的真诚和美丽

一个遥远而动听的故事
一幅浓浓的燃烧的风景

1983.8

江　边

江边，屹立着
一座雕像
是沉思，还是遥望

怒涛，涌向沙滩
浸湿了赤裸的脚
赭色的衣裳

拾一颗贝珠
伸开双臂，含笑着
去追赶波浪

又一阵浪潮
悄悄地，我摄下了
这珍贵的时光……

1982.8

云　游

一

我是那远游的白云
飘到这迷茫的湖边
我寻觅着
一只绿色的小船
带我到静谧的湖心

我多想
牵住你紫蓝的衣襟

二

我是那远游的白云
悄悄地，留在了你的窗前

当你拉开粉红的窗帘
亲爱的，它是给你的
深深的祝福一片

1984.7

读　你

望你，深深地望你
灯光漂白的窗帘
窗帘背后朦胧的身影

听你，深深地听你
夜色之中紧闭的闺门
闺门背后紫兰的声音

想你，深深地想你
何日能洞穿这一片薄纸
读你，泛着血潮的眼睛……

1987.8

也　许

也许本来不该开始
保留这段距离

也许友谊只是谎言
呵护这个秘密

也许好梦自古难圆
珍藏这份心事

也许漆黑的桅杆上
那盏标灯已经闪亮

也许，也许
别无选择

1987.9

距　离

这样很好，在我们之间
守护这段距离
只相隔一层薄纸
两面都写满密密的情语

这样很好，在我们之间
珍藏着一个秘密
留下这灼热的期待
那神会的记忆

这样很好。请不要
偏离这永恒的轨迹
那绿色的原野里
孕育着洁白的羊群

1987.3

恋　人

我的恋人娴静而温柔
她有桃色的脸，桃色的唇
桃花般灿烂的娇羞

她有着黑色的大眼睛
不敢凝视我的黑色大眼睛
她有着纤纤的手
不敢伸向我的纤纤的手

她有着粉色的笑，粉色的声音
我的恋人娴静，温柔
而又娇羞……

1996.4

勿忘我

岂能用金钱来比试
又怎能用秤杆来称量
这小小的方巾
那是爱她的一片真心

托在手里，轻轻
放在心上，沉沉
洁白洁白的心幕上
写满了美丽和诚真

情也绵绵，意也绵绵
相逢的日子和谐而温馨
“勿忘我，勿忘我——”
晚风送走温柔的足音

1996.5

路过你的窗口

脚步儿变得轻悠
只因路过你的窗口
驻足遥望天空
盼望春花儿招手

只需飞越这条马路
箭步登上这座高楼
可见到你的笑容
了却心中的烦忧

越不过这条马路
难得登上这座高楼
不是没有勇气啊
只因借口难求

送你一缕缠绵的目光
给你一个默默的祝福
无奈踏上归途
步也悠悠，情也悠悠……

1996.5

夜　景

在那弯弯的小路
路旁有静静的池水
池边有婀娜的梅枝

远远的灯光暗了
月牙儿躲进了云里
梅花儿在悄悄低语

禁不住摘下一朵梅儿
清香便沁入了心底

风乍起，吹皱一池涟漪
鸟儿在幽怨地唱着
一支古老的歌谣

1997.2

我和你

默默地，你坐在我身旁
阳光映照你青春的脸庞

盈盈的眼波流动
春意便在我心中荡漾

静悄悄，我们默然无语
泪花涌动心中的波浪

片片落叶在眼前纷飞
心啊，却和你相拥一起

真情如何是一种罪过
白云拥抱月华又何曾犯忌

1997.2

是　你

你的眼睛是一条河水
脉脉地将我的灵魂淹没
你的眼睛是一泓深潭
无声地摄下我血红的忧愁

我的相思是朵朵白云
每天伴随你曼妙的身影
我的爱恋是缕缕微风
随时亲吻你粉红的衣裙

亲爱的，你的眼睛
就是那温暖的春天
我所有的欢乐，是你
我所有的忧愁，是你

1997.3

吉祥鸟

好羡慕那只吉祥鸟
羡慕她有神奇的翅膀
在辽阔的空中
自由自在地飞

好希望化成那吉祥鸟
能够自由自在地飞——
飞向森林，飞向大海
飞到你茉莉花香的窗前

好想飞，想飞
飞向你温馨的闺房
静悄悄，栖落
在你的芳心

1997.4

告　别

我们默默地告别
悄悄地，让我独自
走向这夜的尽头

你轻轻地点点头
似一杯蔷薇酒
留一路凉风的清幽

我们默默地告别
把心儿留下，留下
只带走你的甜蜜和温柔

亲爱的，我们终要别离
就这样，让我独自
踏上相思的小路……

1997.5

静　夜

死神把光明带走
空间变成地狱
黑色的眼睛里
你轻盈的身影飘动

悄悄地跨出房门
弯弯曲曲是相思的小路
一步步走向你
走向你粉红色的窗前

默默伫立你的窗前
听你梦中紫兰的歌吟
摘一颗星星留给你
闪闪烁烁，是我此时的问候

2007.8

月光下

亲爱的，让我们
就这样乘风远行吧
即使是梦，我也愿意
与你一起越过
这波谷与峰顶

请让我把你带走
就像此时此刻
牵着你的手
沐浴这如水月光
一路永不回头

2007.5

读你的相片

想你，读你的相片
静谧的黄昏，读你
幽深的子夜，读你

你的姿态，婀娜而淑静
你的双眼，流淌着蜜意
你的玫瑰色的樱唇
吐着百合花的气息

想你，默默地读你
读你，油然涌现的记忆
仿佛重返那乡间的小路
秋千上荡起悠扬的牧笛

想你，静静地读你
读你，无奈默默无语
何日能飞越这段距离
牵手，不再是依依梦里……

2007.7

子　夜

反反复复，默念她的名字
黑夜里，盼着黎明的降临

深深地把她想念
她晶莹黑亮的双眼
默默无语，灵眸里
流淌着绵绵的情意

我把这千丝万缕的思念
织成这玫瑰色的诗篇
我愿这千般万般的爱恋
飞进她百合花似的梦园

心爱的人啊
在这万籁俱寂的子夜
你是否，是否梦见
你那害着相思病的男人

2008.8

倾　诉

摘一支玫瑰
带上这遥远的思念
放入小溪
缓缓地流到你的屋前

揽一片彩云
捎上这深深的祝福
轻轻地告诉她——
飘到你的身边

远去的溪流不再回头
彩云依依地环绕着你
远方的朋友呵
永驻在我的心里

我是一只相思鸟
飞到你开满鲜花的窗口
静悄悄，向你倾诉——
心底的渴念……

2007.8

情　书

夜已深沉，遥望远方
没有星光的夜空

我只有一句话，对她说
所有的黑夜终将过去
太阳会从你的窗前升起
还有纷飞的千纸鹤
鲜艳的红玫瑰

如果爱情就是这个定义
那么，我还想告诉她
那些幽怨的长句不关美丽

2009.6

期　待

期待牵着你的手
踏着一路星光
没有过去，没有言语
心里诉说明天的故事

期待明天，期待明天
能够与你相遇
深深地爱过一次
然后，再说别离

你我在晨曦里挥手
你有你的方向，我也有
我的愿望。让我们同享
这段美好的时光

我们会慢慢回味
昨夜的星光，昨天的记忆
再一次依依地，依依地
期待明天的晨曦……

2011.11

朋　友

你很近，其实很远
你很远，其实很近

你很远
分明在我的心里

你很近
却只能在我的梦里

我永远的朋友
最亲近的朋友……

2009.8

第四辑　光 影

日出时，印象朦朦胧胧
摇荡的小船里不述说爱情
海水淹没了远方的烟囱及吊车
一扇小窗读不尽莫奈的景致

小镇张金

小镇张金，我的故乡

街上车水马龙
街道高楼林立
小镇有最早的上市公司
投资过亿元的发电厂
铝型材厂和水泥厂
成片的居民别墅
围拢着小镇

小镇张金，我的故乡
昔日成片的柳林已被砍伐
裸露着伸出小枝的豁口
依稀可见
灰白的太阳悬浮其上
述说这冬日的荒凉
小镇的天空变得灰蒙
鸟儿不见了踪迹
稻穗不再饱满
小镇的居民
正悄悄地选择撤离……

小镇张金，我的故乡
当我再次回到这里
寻找那儿时的时光——
清清河水里，鱼儿
自由自在地游荡
蓝蓝的天，大雁排成“人”字
做一次次花样飞翔
小镇哦，当你的名字
再一次登上省报的头条
一定是因为那快乐的鸟儿
回到了她的家乡……

小镇张金，我的故乡

2009.11

湘柳河

湘柳河
我故乡的小河

这就是你吗，湘柳河
那一湾沉默的肮脏的死水呢
那一片荒凉的凄楚的辛酸呢
湘柳河，我故乡的小河
为何不见了
梅姑娘为了嫁妆的愁怨
为何不见了
李大妈为了柴米油盐的哀叹
村头的杨二嫂
不是在这儿寻了短见吗
王大爷呢，还会为了一包“大红花”
和家里的儿媳怄气吗

湘柳河，我故乡的小河啊
这就是你吗？湘柳河

这就是你吗？湘柳河
水这般清啦

人这般美啦
墨绿的长林可是你宽阔的腰带
金黄的麦浪可是你博大的胸怀
是那骀荡的春风
把你唤醒了么
是那成群的鸭子
把你挤宽了么
那青石板的埠头上，是哪家的新娘
正唱着那支欢快的歌啊

湘柳河，故乡的小河
这就是你吗？湘柳河
是三月的风
唤醒了你逝去的青春
是那支欢快的幸福的歌
飘过田野，流进了
庄稼人的心窝……

湘柳河
我故乡的小河啊……

1984.6

母　亲

收获的日子还很遥远
凄凉的风，在恸哭

她苍老了，不再年轻
凉风吹在粗糙的脸上
欢快的鸟儿冻死在林莽
温暖的湖水结成冰凌
而手里亲抚的泥土
慢慢凝固，露出干瘪的皱纹
——她沉默了，在这冷峻的风里

几个孩子的母亲啊
她深知那一小撮泥土的沉重
这片从未有人涉足的土地
这里的第一个拓荒者
正如孕育第一个婴儿时的渴望
她，充满了信念和勇气
她一直坚信，坚信
那洁白洁白的世界背面
阳光，土地，和泪水
都依然年轻，温暖

她将拥有一大片的绿色
她将获得满怀的希望

她不再沉默
举起那把沉重的镢头
把沉睡的大地摇醒
她要用母亲的心
和母亲的坚韧
温暖这片神奇的土地
扶起这伤痕累累的秋荷……

1985.11

进　城

不再顾虑，在她身上
投来那样多异样的目光
那样多甜蜜的感觉
都悄悄爬上了
她那红扑扑的脸庞

渴望得好久好久了
谁说这一切
只属于城里的姑娘们呢
苹果绿的牛仔裤
桃花色的呢大衣
配上那洁白洁白的定型纱巾
她可不是罗中立画笔下的
那个初次进城的藏女

她要去那个最有名的照相馆
拍一张水灵灵的八寸彩照
寄给边防线上的小伙子
她已不止一次做过许诺了
她还要去县城的新华书店
那本蓝封面的《会计手册》

她可是盼得很久很久了
还有那厚厚的《企业管理》
《法学概论》……
所有这些
都不仅仅属于城里的姑娘啊

或许就在明天吧
那沸腾了的乡村
真会把这座城市包围呢
那样多甜蜜的感觉
不禁又悄悄爬上了
她那红扑扑的脸庞……

1986.1

张　嫂

她是两个孩子的母亲
——张嫂，我的邻居
她和所有的村妇一样
里里外外，普普通通

人们又开始议论她了
（不再是她当妇联主任的时候）
因为她总是捧着那些《古代文学》
《文学概论》……
张嫂参加了自修大学考试
她试着要做一个文化人

张嫂没有那红皮面的学生证
也没有那金字闪闪的校徽
（这些都是她渴望的啊）
她从那条动荡的长河里走过来
额上刻满了岁月留下的伤痕
她说，这世界依然是属于她的
早上八点钟的太阳
永远永远年轻

一个静悄悄的黎明
张嫂亲吻了梦中的孩子
告别温馨的家宁静的小村
去赶开往县城的早班车
她将又一次坐在那张
已经变得陌生的课桌前
手握那枝发亮的老“新华”
专注地书写那份沉甸甸的答卷

她要重新填写这份
青春的履历……

1986.9

沙湖即景

浩渺的碧水
摇曳的芦苇

骆驼在沙漠中前行
飞鸟在碧空中翱翔

飞船在湖中划过
惊动湖滨的鸟儿

一只白鹤鸣叫着
飞向遥远的湖心

2007.9

凋谢的花朵

——纪念 5·12 汶川大地震遇难的少年儿童

你天真的双眼和往常一样
望着湛蓝的天空着迷
你花一般鲜艳的脸庞
阳光下晶莹而美丽

你来不及懂得，瞬间
阳光为什么会突然消失
刀光剑影，山崩地裂
花朵，在阳光下骤然凋谢

凝望这整齐排列的书包
青山失色，江河滞息
手捧着枚枚鲜红的校徽
千万个幸存者在祈祷在哭泣

在这午后灿烂的阳光下
静悄悄，你们无声地别离
带着对美好未来的憧憬
带着对花季阳光的眷恋

而活着的人们啊
定当坚韧地奋发前行
追逐阳光、雨露、青春、梦想
和对生命的赞礼……

2008.5

未名湖

一半是梦，一半是情殇
曾经为你魂牵梦绕

已逝的大师、学者和诗人
这里，影映着他们的音容

未名湖，你的美丽依然
博雅塔依然耸立在你的身旁

湖水寂静，夕阳照耀在湖面
杨柳依然低低地私语

戴着博士帽的莘莘学子
或悠然漫步，或伫立沉思

仿佛在追忆，发生在这里的
那些美丽而忧伤的故事

未名湖，我该拿什么献给你
掬一捧湖水，默默地为你抛洒

2009.6

荷塘月色

一样的荷塘，一样的月色
又见水木清华，又见微波荡漾

一对年轻的夫妇，牵着可爱的孩子
讲述着朱自清和他的荷塘

一位男青年，手握画笔
画架上是黄昏的荷塘风光

恬静的女学生，捧一本《时间简史》
倒影里，神情专注而安详

更多的游客，端着照相机
漫步塘边，寻访消逝的时光……

争相和闻一多先生合张影，
也许，这并非一尊人工的雕像

摘一片荷叶，轻轻放入塘中
让微风缓缓地带向远方

然后挥一挥手，作别水木清华
作别荷塘里荡漾的月光……

2009.7

车过埃菲尔铁塔

从德国小城来到巴黎
只是想寻找埃菲尔铁塔
巴黎圣母院和卢浮宫，甚至
香奈尔 5 号。而心中的隐秘
还有巴黎的浪漫，以及
塞纳河畔绮丽的风光

巴黎的黄昏，现代和浪漫
包围着这座古老的城市
埃菲尔铁塔下，无数情侣
忘我地演绎着法式热吻
匆匆一瞥赶往温馨的小庐
何不品尝一下巴黎的美酒

浮华终将消失，法式情调
弥漫在身边的每个角落……

2009.6

读 诗

细雨纷飞，秋天的傍晚
霓虹灯已渐次爬上树尖
街影里，行色匆匆的男女
张望着奔向不同的角落

雅舍一间，正好独处
茶几上拥挤的大小诗人
各说各话，讲一些
似懂非懂的玄学和禅理
也一定少不了生与死
还有小桥流水、风花雪月……

茶杯静立，尖尖的叶儿在招手
丝丝凉意却悄悄划过了指尖
合上诗集，撑一把黑色的雨伞
茫然地走向小巷深处……

2009.10

蜗　居

这是一个叫海藻的女孩
她和小贝的感情很纯很真

诱惑和物欲在大街上流行
所有的真诚变得很轻很轻

宋思明似乎是个好男人
光环成了黑夜里的通行证

这演绎的一段不伦的爱情
光影交织，称得上精彩纷呈

海萍为了一套房子苦苦抗争
房奴的枷锁好似又一座围城

当形形色色的人事扑面而来
她只能抱怨社会为何这样不公

苏淳呢，从一个商业间谍
一夜之间变成了有功之臣

这个男人无奈选择了逃离
栖一片小店，却也自好洁身……

——也许这就是生活的写照
难怪，男女老少议论纷纷

2009.11

芭提雅

因为一群大兵的到来
芭提雅，从此芳名远扬
无数不同肤色的男女
只为一睹你的风光

阳光下的大海宁静蔚蓝
不同的语言，一样的欢畅
五彩缤纷的比基尼
点缀了黄昏的银色沙滩

海边一角，一位沧桑的老人
面对大海静静地遥望
仿佛思念远方的亲人，或者
为岛上的“俱乐部”而忧伤……

2009.11

少女梅芹

无从知道她的名字
只是默默地叫她梅芹

用一切美好的词汇
描述她，或者作为比喻

就像从拐角出发
期盼又一次相遇

少女梅芹，从乡村里走来
走向梦中繁华的都市

她要好好地学一门技术
回家教给更多更多的姐妹

乡村也会有霓虹灯
有宽阔的街道高高的楼房

少女梅芹，一张瓜子形的脸
一双眨闪着的充满好奇的眼睛

当列车到达终点，梅芹在人群消失
挥手间，我却多了一份忧伤……

2009.11

礁　石

立于海浪之中
千年风蚀
磨不去你的沧桑

乌云覆盖着你
海浪拍击着你
屹立，不改你的雄姿

因为你坚信——
黑夜必将过去
曙光，终会冉冉升起

你变成一座雕像
化为人们心中
永不褪色的记忆……

2010.3

青岛读海

青岛读海，阵阵潮音
在空旷的海岸回荡

青岛读海，樱花飘飞
连接粼粼水光的浩瀚

青岛读海，远去的巨轮
道别航标灯时的鸣响

青岛读海，落日的喧哗
伴着海滩欢畅的笑语

青岛读海，长长的栈桥上
刻满了百年的历史与沧桑……

青岛读海。潮起潮落的时光里
无穷的风景，无尽的遐想

2010.5

印象与向日葵

——读莫奈油画《日出·印象》

日出时，印象朦朦胧胧
摇荡的小船里不述说爱情
海水淹没了远方的烟囱及吊车
一扇小窗读不尽莫奈的景致

凡高的向日葵正疯狂地生长
每一朵花瓣一片熊熊的火焰
所有的爱恋都会开花结果
这里不相信少女与独角兽的故事

所谓谎言其实漂亮又温柔
少女的体香会斩断坚硬的犄角
黑色的背影在霓虹灯下闪现
长长的小巷不再有丁香的芬芳

蒙娜丽莎的微笑的确迷人
黑夜里，谎言成为说谎者亮丽的名片

2010.7

少女与独角兽

——读莫罗油画《独角兽》

徜徉在山间野外
深居于莽莽森林
独角兽，你奇异的外表
掩饰不住骄傲的心灵

融温顺和高贵于一身
汇纯洁和尊严于一体
与人类和睦相处
与天龙殊死搏斗

独角兽，你美丽的犄角
让贪婪的猎人神魂颠倒
独角兽，你神奇的魔力
令惨痛的悲剧次第上演

你屈服在少女的膝下
仅仅因为那花香的诱惑
你被残忍地无情宰杀
仅仅因为那美丽温柔的陷阱

独角兽，那些远古的传说里
我读到了光明与终结的象征
独角兽，那些艳丽的花环下
你见证了美酒，刀光与剑影

2010.7

蒙娜丽莎

——读达·芬奇油画《蒙娜丽莎》

那时年少，读你
你的脸，你的发，你的唇
读你母爱一般的安详
读你永恒的微笑

长大后，恍然明白了
你只是诗人的梦
一个痴心的画家
描绘了你微笑的一生

你的微笑，像雨
滋润少年的心怀
像风，吹走了
孤独者的寂寞和不幸

蒙娜丽莎，你是
快乐的标志？还是
处女的童真？抑或
你是爱，是天使

假如，你是悲哀的
你的微笑便是伤感
假如，你是快乐的
你的微笑便是幸福

你痛苦的时候
我会为你呻吟，呼号
你喜悦的时候
我会感到光明和温暖

蒙娜丽莎。你的长发
你的唇，你的微笑
我是一遍一遍地读你
其实，你没有神秘的面纱

2012.5

山　中

——回赠柳宗宣

约你去看樱花，却错过了花期
你带我来到郊外的蔡家山

青山绿水，亭台楼榭
正是倦鸟栖息的地方

品着主人献上的明前茶
听你一往情深的吟唱

春风春意，悠悠茶香
一同在这木屋里回荡……

我们漫步于曲折的山径
听小桥流水，叹落叶沧桑

与你约定，再来此探春
书院里，听你慷慨激昂

品来年的明前茶，怀念
我们江汉平原的故乡……

2013.4

杜甫草堂

怀一颗虔诚的心，走近你
走进你茅草掩盖着的小屋
听你金戈铁马的涛声
听你沉郁忧愤的歌吟

走近你，只为一睹你的容颜
那火炬一般的目光里
仿佛洞穿历史的长河
仿佛翻卷茫茫的苍生

你屹立在此，和来者对话
展示一幅幅沉重的画卷
安得广厦千万间
大庇天下寒士俱欢颜

我走近你，在春天
在春日的和风细雨里
走进你茅草掩盖的小屋
那个秋天，秋风中抖颤的你

2013.5

乐山大佛

我仰望着你，仰望你
举世无双的雄姿
你静静地矗立，俯视
浩荡江流，锦绣红尘

三江之水在你面前流淌
向每一个来此祈祷的行旅
讲述一个叫海通法师的僧人
他云游四海，历尽艰辛广募资金
立志要凿山为佛，庇佑苍生
面对贪婪的郡史，他凛然不屈
毅然剜出了自己的双眼——
“自抉其目，捧盘致之……”

千百年，你静静地注视
眼前日夜奔腾不息的江流
你顶天立地的身躯，给那些
与风浪搏斗的船夫信心和勇气
让舟沉人亡的悲剧不再重演
以此，告慰九泉之下的英魂

千百年，那些在你脚下的
善男信女，每个人都将在此
与你拍一张不同的留影

2013.5

今　天

今天早上的太阳特别温暖
宽敞的办公室里
碧绿的盆景树很碧绿
不断有人来访。最后约定的
是艺术团团长

阳光正好，室内春意盎然
我们热烈地讨论着
有关艺术的一些话题
而每天的头条新闻
总是把人带向它处：
伊朗称要报复大英帝国
加拿大扬言退出《京都协定》
中国的艾滋病感染速度惊人
还有，某某县 26 岁的女常委
火箭似的提拔
引来网友议论纷纷

下午参加市政府的专题会
本市一家著名的外资企业
因产能落后，面临着淘汰

市长挂帅督办，与会者出谋献策
职工要维权，要工作
年轻的外籍老板
显得疲惫而无奈
更多的人选择无语。我知道
会议明天仍将继续

晚上有朋友邀聚
百年“湘泉”名不虚传
约好不说昨天，不言明天
也不屑于卡扎菲、普京和奥巴马
只需要一点点醉意
来对付今天：暮色渐渐笼罩平原

回家。电视里《双城生活》刚刚结束
热闹的《男人帮》闪亮登场
一杯铁观音正好解酒
随手相伴，是董桥和他的《记得》

记得今天安好
我醉欲眠君且去
期待明天

2011.12

父　亲

我不记得你的生日
我忘不了你的形象

无数回梦里相见，父亲
你依然端坐在那儿
手里夹着一支叶子烟

你给我讲明朝那些事儿
讲让氏家族的秘闻轶事
说我是建文皇帝的后裔
你要我好好读书——
书中可有颜如玉黄金屋

你要我考北大或清华
那是中国最好的大学
儿子一直勤奋好学，发奋努力
高考时语文考了全市第一
却依然错过了机遇
那一刻，心中满怀委屈
父亲，你却高兴得泪流满面
好像儿子真的中了头名状元

每天，你踏着露水出门
披着星月而归
你要去很远很远的河岸
挖那些伐木后留下的树墩子
你要把它们挑到很远的镇上
换取我上学的费用
每次收到你亲手寄来的汇款
父亲，我掉泪了
我知道，你一定瘦了
你双鬓的白发
又多出了几缕……

父亲，你怪我一直太冷漠
没有好好地叫你一声“爸爸”
父亲啊，儿子在心中
默默地叫唤着你
多少次想抱住你的肩膀
依靠着你，永不分离

2010.1

附录

光明黑晶石

柳宗宣

从来不需要想起，他总在那里；好像从未改变，等候你的到来，如同这大别山麓站立的泥土垒成的房子，你看了一眼，还给它留下一张影像，让你有回到过去的冲动；过往的人事似乎伫立在那里，等候着你与之谋面，打招呼，两碗土酒中倾谈这些年人世间的流离往事。

我和让青的友情清淡而持久，二十多年了，两个男人还往来着，缘何而起啊？他的诗集即将出版，让我为之写几句话，我如何能推辞？避暑于黄檗山间的法眼寺，想着这个隐在江汉平原的弟兄。在这个多一事不如少一事、什么都想放下也不得不放下的年纪，人在躲着人间世事，而这段文字似躲不脱的。我把《大佛顶首楞严经》移置一旁。层出不穷的话语涌现于笔端，倾泻于纸上，将附录在他诗集《黑晶石》的后面，权当作为弟兄间在一起回忆往事，见证我们平淡人生的一个记录。

我和让青确实是弟兄。让青原本随其母姓柳，叫柳宗龙（后来改随父性），这个名字曾跟随过他一些年头，他的母亲是我们柳氏家族的人。因了这点，我一直把他当弟兄看待，而非仅仅作为诗友。在潜江工作生活的那些年头，他从一名中学教师到市报社作副总编辑，后调入市委机关工作，又转入市政府部门供职，我们友好着，就像一个亲戚断断续续地往来。现在想来，一晃结交了二十余年；无论我们外部有什么迁变，心中有一块地方总是给对方留着的。

他到过我过去潜江单位的房子，在书房里聊过天；近年，我在武汉的书房里查找诗集，发现《英国现代诗选》的扉页上盖有让青的印章。哦，我曾到他的书房，是从他的独立书房的带有玻璃门的书柜中取走的。想想在潜江小城，有独立私人书房的人不多，像他有藏书癖好且藏书之巨的人实属寥如晨星，同一本书他那里陈列好几种版本。我和他之所以从未断过交往，不仅因了弟兄关系，对文学的爱好更隐隐作用于我们的交往。我们都是爱书之人。我们是真正的同志。让青对我的写作多有支持，除言语鼓励还有行动的支持（他曾帮我找人请过一年创作假）。你和他在一起，感觉是与自己的人在一起，说话可以放纵，你的暗语一般的诗思他能够明白，你的狷狂你的出格做派他能理解。这是在我通读他诗集打印稿才回忆到的。

他可是早我十多年就开始默默的诗歌写作。在一所乡镇中学，一个大学毕业的带有某种文学理想的语文老师把他早年的爱好凝注于课堂的教学之中，他的诗人的气息自然转移到他的学生作文中。《秋歌》、《寄凤凰山》、《张嫂》、《湘柳河》等诗是他早期创作的作品，颇具纪念意味。从大学生到孩子王，写诗的爱好一直保持着，一直在做着一个文学梦，这个梦从未消隐过。他的诗歌创作横跨了近三十年。上个世纪八十年代，那是让多少文化人难忘的充满了诗意幻想的时代，让青和朋友们一道写诗、办民刊。他曾主编过一本《黑羽毛》，还编发过诗人韩东的诗、小说家苏童的作品。这早年的文学活动持续作用着让青的人生，隐隐渗透进他当总编辑时报章的写作；这个地方行政官员的讲话稿里自然显露隐含的诗性。在江汉平原，让青平行地做着两个梦，交互地在他的人生这个大梦里隐现，这可有些让他身不由己。早年文学之梦时常打扰着他的白日生活，当他步入中年，日益让他不得不重新面对它的存在。

在潜江那些年，他有时找到我，在一起我们说说话，现在想来他是想回到我这个同志的身边来；我以为他放弃写诗了，其实他一直写着，情不自禁的。只是公务繁杂，他的作品数量在减少，他的写作随着他年纪增长，他的视野从婉约的抒情拓展到了对时代迁变和人文的关注，像《凋谢的花朵》、《小镇张金》都是他时事关怀的真实写照。即便对《少女梅芹》也有着他一个诗人的可爱的忧伤。让青知道我是二十七岁（1989 年）才开始真正意义上的创作的，他一直为我的写作叫好，可以说我是揣着两人共同的文学之梦，到了北京。二〇〇五年某日，在东四十二条杂志社办公室我突然接到他的电话，说他到了北京知春里的某个宾馆。我当然去看他，那可是我即兴的隆重的招待：陪他逛三联书店，坐电车，穿行京城的地铁网；在国家大剧院的蛋形建筑四周观摩流连。我知道弟兄的审美，他出了门，离开了江汉平原那个巨大的笼子，他的解放感渴望得到充分的展开。当我读完他的诗集打印稿，发现他的好多诗作是在出差旅行途中写就的，而且他在途中时常带着一本《勃朗特夫人十四行诗》，那可是我最早读过的最美的诗集，在故乡冬日的火盆旁。这本书一直藏在我的书房，跟随着我迁徙未曾丢失。这本诗集印制也特精美。诗集中的版画，男女相对的剪影，和诗行间的动人的旋律营造了一个无法言说的空间，迷恋了我和让青那颗少年的诗心。

让青的诗风偏于抒情和歌咏，可能从那本诗集获得某种影响。他比我早些年感染到那个时代文化对他写作的熏染，用自己的笔抒写属于那个时代的文学梦想。一九八六年我可是用一个语文教案本抄录了泰戈尔的《飞鸟集》、《吉檀迦利》的，为其分行文字的神秘诗章兴叹不已。写到这里，心想，让青也应心有感应。他的诗作洋溢着青春年代浪漫天真的气氛。通读其全部诗稿后，我一笔一字给他写了一封信。我说，读完那些分行文字心中有温暖，一点也不觉其老旧；那里有着一个少年的梦想。那是不会褪色的词语，其中典藏着一个男人最初的抽象的爱情。他把梦中幻影兑现在他精神生活和词语之中，他爱着这个世界，那文学典籍中熏染得来的爱的理想隐隐作用于他在人世间的视听，他用梦幻的眼睛用一只钢笔沉思记录，那个时代不可再现的激荡丰饶情思游荡在那节律讲求的诗行间。

他就停在那个年代，他不愿离开，或者说他的梦停在那里不愿蜕变。他有些舍不得那个年月的气候，他得之于阅读所受用的词语遣用方式，他的深情的语调，他的委婉与抒情都葆有那个时代遗留下的基因——他曾更换过多种身份，从青年到如今的中年，他怀念着那个年代，让青属于他的青春时光；他的梦还在八十年代里孵化着，成型着，于是有了这本诗集。——他葆有着那个年代的羞涩，他问我，这些文字能否结集，希望我给他一个确认。作为他的朋友我理解他的意思，是想求得我这个弟兄的精神支援，让持续作用于他的一个梦睁开眼来。一个中年男人，一个在世间扮演过不同身份的人想把自己真正的梦想端出来，让这些分行文字公开他的另一个身份。一个隐藏了多年的身份，他内心看重的身份，一个真正的身份。他想对人们说，让青有一个与众不同的人生，他是词语真正的爱好者。唉，须知一个公务员在一个小城孤单生活多年，在这个年纪才把这个梦勇敢地昭显出来，有那么一点徐志摩诗中的一低头的娇羞是可理解的。我的弟兄跟我说，你觉得可以我就把它们整理出来，你可要跟我说实话。我的弟兄啊，这是你的梦想是你这些年用心血写下的文字是你在主席台就坐的空隙在下乡途中临窗的观望中在你爱一个人或这个世界之后写下的带有体温的词句，它们是你让青的创作，是属于你的黑晶石。它有着其自身的光明，它印证着你个人的时光与呼吸，你为什么不敢认领你的孩子呢？

今年春天，让青在电话里说来看我。我转徙到了武汉工作生活，他来看我，如何招待这个弟兄？武大的樱花已谢，那么短促的樱花，那么短的与之相仿的我们的人生。这世上还有什么能安慰我们，尘世间还有什么能支持我们的梦想？他的这个同志没有交错，我们还在词语中做着梦，讨着一点在世的慰安。是的，是到了对我们一生作一个交待的时候了。对于我的弟兄的来访，他的心境不用他多言我就知晓。我驱车带他到木兰山中，一路谈诗论道。他走后，我在书房里饮着明前茶，观望杯中绽开的新茶的形色，饱满又鲜嫩。一杯又一杯，我把我们在一起的初春山色移置到杯中，饮那里的阳光或雨露，没有使用杀虫剂的茶园嘉树——他从故乡来，在一律的城拿什么招待呢——我以诗的方式款待他，且赠诗于他；他也有唱和，诗作《山中》也收录在此诗集中。那春天万木复苏的日子，我令大别山系中的樱花与棠棣，如着和服的艺妓，为他弹琴鼓瑟；分别多年的男人，山中鸟语中的坦言相告，把人世间真相与奇迹，杯中波澜连同清淡茶气，一同悠然赠予我的弟兄同好——现在，让青把他揣掇多年的《黑晶石》贡献于我，和更多可能的读者，一并欣然分享受用！

2013. 7. 14 于黄檗山法眼寺

新出图证（鄂）字 03 号
图书在版编目（CIP）数据
黑晶石／让青 著
武汉：长江文艺出版社，2013.9

ISBN 978—7—5354—6879—6

Ⅰ.黑… Ⅱ.让… Ⅲ.诗集—中国—当代 Ⅳ. I227

中国版本图书馆 CIP 数据核字（2013）第 185081 号

责任编辑：沉 河　　责任校对：陈 琪
封面设计：川 上　　责任印制：左 怡 邱 莉

出版：长江出版传媒　长江文艺出版社
地址：武汉市雄楚大街 268 号　　邮编：430070
发行：长江文艺出版社
电话：027—87679360
http://www.cjlap.com
印刷：武汉市福成启铭彩色包装印刷有限公司

开本：640 毫米×970 毫米　1/16　　印张：9　插页：2 页
版次：2013 年 9 月第 1 版　　2013 年 9 月第 1 次印刷
行数：3135 行

定价：28.00 元